COLLECTION

DE

PORTRAITS

DU XVIIIᵉ SIÈCLE

Appartenant à M. A***

Vente du Vendredi 6 Mai 1887

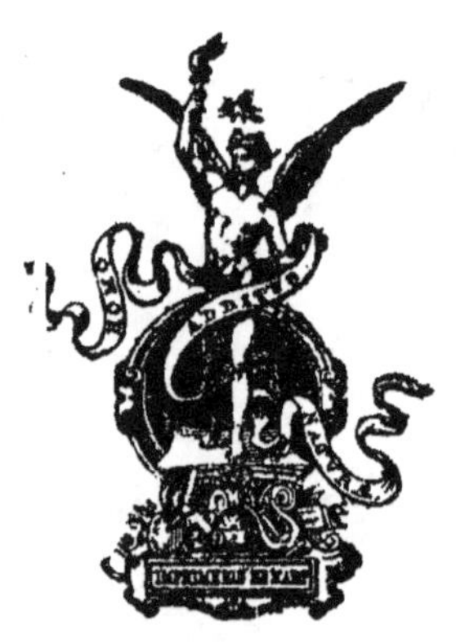

CATALOGUE

DES

PORTRAITS & TABLEAUX

DES ÉCOLES

Française, Italienne et Flamande

PAR

Backuysen (Van), Bonnington, Boucher, Brevall, Carrache
Chardin, Delaroche (Paul), Desportes, Drouais
Franck, Greuze, Robert (Hubert), Jordaens, Kreyer
Lajoue, Lantara, Largillière, Lefèvre, Morgan, Mignard, Nattier
Rigault, Tocqué, Troyon, Van Loo, Vien, etc., etc.

Formant la Collection de M. A***

DONT LA VENTE AURA LIEU

HOTEL DROUOT, SALLE N° 1

Le Vendredi 6 Mai 1887

A TROIS HEURES

Mᵉ HENRI LECHAT	**M. E. VANNES**
COMMISSAIRE-PRISEUR	EXPERT
6, rue Baudin (Square Montholon).	54, rue du Faubourg-Montmartre, 54

EXPOSITION PUBLIQUE

Le Jeudi 5 Mai 1887, de 2 heures à 5 heures 1/2

CONDITIONS DE LA VENTE

Elle sera faite au comptant.

Les adjudicataires payeront *cinq pour cent* en sus des enchères.

Paris. — Imprimerie de l'Art. E. Ménard et J Augry
41, rue de la Victoire.

DÉSIGNATION

BONNINGTON

1 — *Portrait d'un évêque.*

BOUCHER (École de)

2 — *Dessus de porte.*

> Une femme, étendue sur des draperies, offre une couronne de fleurs à un jeune enfant nu.
> Ce tableau a été gravé.

CARRACHE (École des)

3 — *Sainte Famille.*

CHARLET

4 — *Deux aquarelles.*

CHEVALIER (BREVALL)

5 — *Petit Paysage avec personnages à cheval.*

Signé à gauche.

CICÉRI (E.)

6 — *Petit Paysage.*

A l'huile.

DELAROCHE (Paul)

7 — *Esquisse.*

DESPORTES

8 — *Portrait de jeune femme en costume de satin bleu orné de dentelles.*

Cadre en bois sculpté.

DETROY (Le Père)

9 — Portrait d'homme.

DROUAIS

10 — Portrait d'homme.

Cadre en bois sculpté.

DUBOIS

11 — Portrait de jeune femme dans l'attitude de la prière.

Signé et daté 1814, à droite.

FRANCK (F.)

12 — Sainte Famille.

GREUZE (École de)

13 — Le Vieil Aveugle.

GUARDI

14 — *Le Pont du Rialto.*

> Dans la première manière du maître.

JORDAENS (Attribué à)

·15 — *Trois têtes d'étude.*

KREYER (Élève de Rubens)

16 — *Belle étude de femme nue.*

LAJOUE

17 — *Portrait de seigneur en riche costume du temps de Louis XV.*

> Debout et vu de face.

LANTARA

18 — *Les Cascades de Tivoli.*

LARGILLIÈRE

19 — *Beau Portrait d'une princesse d'Autriche.*

> Elle est vêtue d'un riche manteau rouge, orné de
> guipures, et retenu par des joyaux d'or et de
> pierreries.
> Médaillon ovale.

LARGILLIÈRE

20 — *Beau Portrait d'un seigneur du temps de
Louis XV.*

> Sa main gauche est appuyée sur un volume, por-
> tant au dos l'inscription : Maison du Roy, 1735.
> Cadre en bois sculpté.

LARGILLIÈRE (École de)

21 — *Portrait d'un juge.*

LEFEBVRE

22 — *Charmante composition, représentant des
jeunes femmes faisant leurs sacrifices sur
l'autel de l'Amour.*

MIGNARD

23 — *Portrait de jeune femme.*

Cadre en bois sculpté.

MORGAN

24 — *La Bohemienne.*

NATTIER

25 — *Beau Portrait de femme.*

Vue de trois quarts, elle est vêtue d'une chemisette largement ouverte, et enveloppée d'un manteau de satin, retenu par une belle agrafe.
Cadre en bois sculpté.

NATTIER (École de)

26 — *Jeune Femme.*

Assise, tenant une guirlande de fleurs, et entourée d'une draperie rose.

PANINI (École de)

27 — *Très belle composition architecturale. Vue intérieure de la nef de Saint-Pierre de Rome, animée ainsi que les bas côtés de nombreux personnages en costumes Louis XIV.*

Au fond, et au-dessus des orgues, on voit les attributs de la Papauté ; au premier plan, à droite, la statue de saint Pierre, et, en haut, la voussure est décorée d'un cartouche accolé d'anges, supportant un écusson couronné et cantonné de besants d'or.

RIGAULT

28 — *Portrait d'une jeune princesse russe.*

Elle est debout, la main droite appuyée sur un fauteuil, vêtue d'un manteau d'hermine, doublé de velours bleu, et vue de face.
Cadre en bois sculpté.

RIGAULT (École de)

29 — *Portrait de seigneur, Louis XIV, en costume de velours rouge.*

ROBERT (Hubert)

3o — *Ruines.*

RUYSDAEL (École de)

31 — *Joli Paysage, animé de personnages.*

TOCQUÉ (Louis)

32 — *Portrait de femme.*

> Vue de face, en riche costume de satin gris
> perle brodé, et manteau de velours bleu.
> Cadre en bois sculpté.

TOCQUÉ (Louis)

33 — *Portrait de seigneur, en costume de chasse
en ratine verte.*

> Pendant du précédent.
> Cadre en bois sculpté.

VAN LOO (Carle)

34 — *Jeune femme jouant d'un instrument de musique.*

VAN LOO (École de Carle)

35 — *Portrait d'homme vêtu d'une cuirasse.*

36 — *Louis XV enfant.*

VIEN (École de)

37 — *Jeune Vestale.*

WATTEAU (Attribué à Antoine)

38 — *Jeune Danseuse.*

ÉCOLE FRANÇAISE

DU XVIIIe SIÈCLE

39 — *Portrait de femme.*

> Cadre ovale en bois sculpté.

40 — *Portrait de seigneur du temps de Louis XV.*

> En habit de satin rose.

41 — *Portrait de femme liant des fleurs.*

> Costume de velours rouge.
> Cadre ovale en bois sculpté.

42 — *Portrait de femme du temps de Louis XVI.*

> Vêtue de satin blanc, sa coiffure est ornée de fleurettes.

43 — *Portrait de jeune fille.*

> En costume de soie rouge, à fleurs. Genre de Chardin.
> Médaillon ovale.

44 — *Portrait de jeune femme.*

> Vue de trois quarts, en riche costume de satin
> blanc, orné de pierreries; manteau rouge.
> Cadre en bois sculpté.

45 — *Portrait de femme du temps de Louis XVI.*

> Vue de face ; elle est vêtue de satin mauve.
> Cadre ovale en bois sculpté.

46 — *Le Colin-Maillard.*

ÉCOLE FLAMANDE

47 — *Marine.*

> Genre de Van Backuysen.

48 — *Sainte Famille.*

> Cadre en bois sculpté.

ÉCOLE VÉNITIENNE

49 — *Portrait de femme.*

ÉCOLE MODERNE

LEFEBVRE (Jules)

50 — *Portrait de Madame Mélanie, artiste des Variétés.*

Médaillon ovale.

TROYON

51 — *Petit-Paysage, avec figures.*

Étude de la jeunesse du maître.

52 — Sous ce numéro seront vendus les tableaux non catalogués.

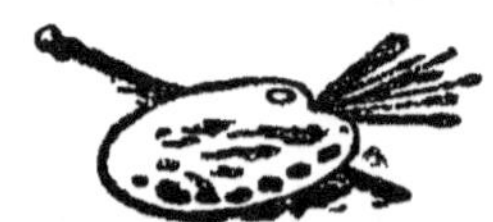

www.ingramcontent.com/pod-product-compliance
Lightning Source LLC
LaVergne TN
LVHW010854180726
843502LV00010B/3889